卞尺丹几乙し丹卞と

Translated Language Learning

Aladdin

Antoine Galland

Español/English

Copyright © 2023 Tranzlaty
All rights reserved
Published by Tranzlaty

Original text by Antoine Galland
From ' *'Les mille et une nuits''*
First published in French in 1704
Taken from The Blue Fairy Book
Collected and translated by Andrew Lang

www.tranzlaty.com

Aladino y la lámpara maravillosa
Aladdin and the Wonderful Lamp

Érase una vez un pobre sastre
Once upon a time there lived a poor tailor
tuvo un hijo llamado Aladino.
he had a son called Aladdin
Aladdin era un chico descuidado y ocioso que no hacía nada.
Aladdin was a careless, idle boy who would do nothing
Aunque, le gustaba jugar a la pelota todo el día
although, he did like to play ball all day long
Esto lo hizo en las calles con otros niños ociosos
this he did in the streets with other little idle boys
Esto afligió tanto al padre que murió.
This so grieved the father that he died
Su madre lloraba y oraba, pero nada ayudaba.
his mother cried and prayed but nothing helped
a pesar de su súplica, Aladdin no enmendó sus caminos.
despite her pleading, Aladdin did not mend his ways
Un día Aladdin estaba tocando en las calles como de costumbre
One day Aladdin was playing in the streets as usual
Un extraño le preguntó su edad
a stranger asked him his age
y le preguntó si no era el hijo de Mustapha el sastre.
and he asked him if he was not the son of Mustapha the tailor
"Soy el hijo de Mustapha, señor", respondió Aladino.
"I am the son of Mustapha, sir" replied Aladdin
"Pero murió hace mucho tiempo"

"but he died a long time ago"
el extraño era un famoso mago africano
the stranger was a famous African magician
y cayó sobre su cuello y lo besó
and he fell on his neck and kissed him
"Soy tu tío", dijo el mago.
"I am your uncle" said the magician
"Te conocí por tu semejanza con mi hermano "
"I knew you from your likeness to my brother"
"Ve a tu madre y dile que voy"
"Go to your mother and tell her I am coming"
Aladino corrió a casa y le contó a su madre de su tío recién encontrado.
Aladdin ran home and told his mother of his newly found uncle
"De hecho, niña", dijo, "tu padre tenía un hermano".
"Indeed, child," she said, "your father had a brother"
"pero siempre pensé que estaba muerto"
"but I always thought he was dead"
Sin embargo, ella preparó la cena para el visitante.
However, she prepared supper for the visitor
y le ordenó a Aladino que buscara a su tío.
and she bade Aladdin to seek his uncle
El tío de Aladino vino cargado de vino y fruta
Aladdin's uncle came laden with wine and fruit
Se cayó y besó el lugar donde Mustapha solía sentarse
He fell down and kissed the place where Mustapha used to sit
y le pidió a la madre de Aladino que no se sorprendiera
and he bid Aladdin's mother not to be surprised
Explicó que había estado fuera del país cuarenta años.

he explained he had been out of the country forty years
Luego se volvió hacia Aladino y le preguntó su oficio.
He then turned to Aladdin and asked him his trade
Pero el niño bajó la cabeza avergonzado
but the boy hung his head in shame
y su madre se echó a llorar
and his mother burst into tears
así que el tío de Aladino se ofreció a proporcionar comida.
so Aladdin's uncle offered to provide food
Al día siguiente le compró a Aladino un traje fino.
The next day he bought Aladdin a fine suit of clothes
y lo llevó por toda la ciudad
and he took him all over the city
Le mostró las vistas de la ciudad
he showed him the sights of the city
Al caer la noche lo llevó a casa con su madre
at nightfall he brought him home to his mother
Su madre estaba encantada de ver a su hijo tan bien.
his mother was overjoyed to see her son so fine
Al día siguiente, el mago llevó a Aladino a unos hermosos jardines.
The next day the magician led Aladdin into some beautiful gardens
Este fue un largo camino fuera de las puertas de la ciudad
this was a long way outside the city gates
Se sentaron junto a una fuente
They sat down by a fountain
y el mago sacó un pastel de su faja
and the magician pulled a cake from his girdle

Dividió el pastel entre los dos
he divided the cake between the two of them
Luego viajaron hacia adelante hasta que casi llegaron a las montañas.
Then they journeyed onward till they almost reached the mountains
Aladino estaba tan cansado que le rogó que volviera.
Aladdin was so tired that he begged to go back
Pero el mago lo engañó con historias agradables
but the magician beguiled him with pleasant stories
y lo guió a pesar de su pereza
and he led him on in spite of his laziness
Por fin llegaron a dos montañas
At last they came to two mountains
Las dos montañas estaban divididas por un estrecho valle.
the two mountains were divided by a narrow valley
"No iremos más lejos", dijo el falso tío.
"We will go no farther" said the false uncle
"Te mostraré algo maravilloso "
"I will show you something wonderful"
"Recoge palos mientras enciendo un fuego"
"gather up sticks while I kindle a fire"
Cuando se encendió el fuego, el mago arrojó un polvo sobre él.
When the fire was lit the magician threw a powder on it
y dijo algunas palabras mágicas
and he said some magical words
La tierra tembló un poco y se abrió frente a ellos
The earth trembled a little and opened in front of them
Una piedra plana cuadrada se reveló

a square flat stone revealed itself
y en medio de la piedra había un anillo de latón
and in the middle of the the stone was a brass ring
Aladino trató de huir
Aladdin tried to run away
pero el mago lo atrapó
but the magician caught him
y le dio un golpe que lo derribó
and gave him a blow that knocked him down
"¿Qué he hecho, tío?", Dijo lastimosamente.
"What have I done, uncle?" he said piteously
el mago dijo más amablemente: "No temas nada, sino obedéceme"
the magician said more kindly: "Fear nothing, but obey me"
"Debajo de esta piedra se encuentra un tesoro que va a ser tuyo"
"Beneath this stone lies a treasure which is to be yours"
"y nadie más puede tocarlo"
"and no one else may touch it"
"así que debes hacer exactamente lo que te digo"
"so you must do exactly as I tell you"
Ante la mención del tesoro, Aladino olvidó sus temores
At the mention of treasure Aladdin forgot his fears
Agarró el anillo como le dijeron
he grasped the ring as he was told
y dijo los nombres de su padre y su abuelo
and he said the names of his father and grandfather
La piedra subió con bastante facilidad
The stone came up quite easily
y algunos pasos aparecieron frente a ellos
and some steps appeared in front of them

"Baja", dijo el mago.
"Go down" said the magician
"Al pie de esos escalones encontrarás una puerta abierta"
"at the foot of those steps you will find an open door"
"La puerta conduce a tres grandes pasillos "
"the door leads into three large halls"
"Levanta tu bata y recorre los pasillos"
"Tuck up your gown and go through the halls"
"Asegúrate de no tocar nada"
"make sure not to touching anything"
"Si tocas algo, morirás instantáneamente "
"if you touch anything, you will die instantly"
"Estas salas conducen a un jardín de finos árboles frutales "
"These halls lead into a garden of fine fruit trees"
"Camina hasta que llegues a un nicho en una terraza"
"Walk on until you come to a niche in a terrace"
"Allí verás una lámpara encendida"
"there you will see a lighted lamp"
"Vierte el aceite de la lámpara"
"Pour out the oil of the lamp"
"y luego tráeme la lámpara"
"and then bring me the lamp"
Sacó un anillo de su dedo y se lo dio a Aladino.
He drew a ring from his finger and gave it to Aladdin
y le pidió que prosperara
and he bid him to prosper
Aladino encontró todo como el mago había dicho
Aladdin found everything as the magician had said
recogió algo de fruta de los árboles

he gathered some fruit off the trees
y, habiendo conseguido la lámpara, llegó a la boca de la cueva
and, having got the lamp, he arrived at the mouth of the cave
El mago gritó a toda prisa
The magician cried out in a great hurry
"Date prisa y dame la lámpara"
"Make haste and give me the lamp"
Esto Aladdin se negó a hacer hasta que estuvo fuera de la cueva.
This Aladdin refused to do until he was out of the cave
El mago voló en una terrible pasión
The magician flew into a terrible passion
Arrojó un poco más de pólvora al fuego
he threw some more powder on to the fire
y luego lanzó otro hechizo mágico
and then he cast another magic spell
y la piedra volvió a su lugar
and the stone rolled back into its place
El mago dejó Persia para siempre
The magician left Persia for ever
esto demostró claramente que no era tío de Aladino.
this plainly showed that he was no uncle of Aladdin's
Lo que realmente era era un mago astuto
what he really was was a cunning magician
Un mago que había leído sobre una lámpara maravillosa
a magician who had read of a wonderful lamp
una lámpara que lo convertiría en el hombre más poderoso del mundo
a lamp which would make him the most powerful man in the world

pero solo él sabía dónde encontrarlo
but he alone knew where to find it
y sólo podía recibirlo de la mano de otro
and he could only receive it from the hand of another
Había escogido al tonto Aladino para este propósito.
He had picked out the foolish Aladdin for this purpose
Tenía la intención de conseguir la lámpara y matarlo después.
he had intended to get the lamp and kill him afterwards

Durante dos días Aladino permaneció en la oscuridad
For two days Aladdin remained in the dark
Lloró y lamentó su situación
he cried and lamented his situation
Por fin juntó sus manos en oración
At last he clasped his hands in prayer
y al hacerlo frotó el anillo
and in so doing he rubbed the ring
El mago se había olvidado de quitarle el anillo
the magician had forgotten to take the ring back from him
Inmediatamente un enorme y espantoso genio se levantó de la tierra.
Immediately an enormous and frightful genie rose out of the earth
"¿Qué quieres que haga?"
"What would thou have me do?"
"Soy el esclavo del anillo"
"I am the Slave of the Ring"
"y te obedeceré en todas las cosas"
"and I will obey thee in all things"
Aladdin respondió sin miedo: "¡Líbrame de este lugar!"

Aladdin fearlessly replied: "Deliver me from this place!"
y la tierra se abrió sobre él
and the earth opened above him
y se encontró afuera
and he found himself outside
Tan pronto como sus ojos pudieron soportar la luz, se fue a casa.
As soon as his eyes could bear the light he went home
pero se desmayó cuando llegó allí
but he fainted when he got there
Cuando volvió en sí, le contó a su madre lo que había sucedido.
When he came to himself he told his mother what had happened
y él le mostró la lámpara
and he showed her the lamp
y él le derramó los frutos que había recogido en el jardín
and he shower her the the fruits he had gathered in the garden
Los frutos eran, en realidad, piedras preciosas
the fruits were, in reality, precious stones
Luego pidió algo de comida.
He then asked for some food
"¡Ay! niño", dijo.
"Alas! child" she said
"No tengo nada en la casa"
"I have nothing in the house"
"pero he hilado un poco de algodón"
"but I have spun a little cotton"
"e iré a vender el algodón"
"and I will go and sell the cotton"

Aladino le pidió que se quedara con su algodón
Aladdin bade her keep her cotton
Le dijo que vendería la lámpara en lugar del algodón.
he told her he would sell the lamp instead of the cotton
Como estaba muy sucia, comenzó a frotar la lámpara.
As it was very dirty she began to rub the lamp
Una lámpara limpia podría alcanzar un precio más alto
a clean lamp might fetch a higher price
Al instante apareció un horrible genio
Instantly a hideous genie appeared
Le preguntó qué le gustaría tener
he asked what she would like to have
Al ver al genio, se desmayó
at the sight of the genie she fainted
pero Aladino, arrebatando la lámpara, dijo audazmente:
but Aladdin, snatching the lamp, said boldly:
"¡Tráeme algo de comer!"
"Fetch me something to eat!"
El genio regresó con un cuenco de plata
The genie returned with a silver bowl
Tenía doce platos de plata que contenían ricas carnes.
he had twelve silver plates containing rich meats
y tenía dos copas de plata y dos botellas de vino
and he had two silver cups and two bottles of wine
La madre de Aladino, cuando volvió en sí, dijo:
Aladdin's mother, when she came to herself, said:
"¿De dónde viene esta espléndida fiesta?"
"Whence comes this splendid feast?"
"No preguntes de dónde vino, sino come, madre", respondió Aladino.
"Ask not where it came from, but eat, mother" replied

Aladdin

Así que se sentaron a desayunar hasta que llegó la hora de la cena.
So they sat at breakfast till it was dinner-time
y Aladino le contó a su madre sobre la lámpara
and Aladdin told his mother about the lamp
Ella le rogó que lo vendiera
She begged him to sell it
"No tengamos nada que ver con los demonios"
"let us have nothing to do with devils"
pero Aladino había pensado que sería más prudente usar la lámpara.
but Aladdin had thought it would be wiser to use the lamp
"El azar nos ha hecho conscientes de sus virtudes"
"chance hath made us aware of its virtues"
"Lo usaremos, y el anillo de la misma manera"
"we will use it, and the ring likewise"
"Siempre lo llevaré en mi dedo"
"I shall always wear it on my finger"
Cuando habían comido todo lo que el genio había traído, Aladino vendió uno de los platos de plata.
When they had eaten all the genie had brought, Aladdin sold one of the silver plates
y cuando volvió a necesitar dinero, vendió el siguiente plato
and when he needed money again he sold the next plate
Hizo esto hasta que no quedaron planchas.
he did this until no plates were left
Luego le pidió otro deseo al genio.
He then he made another wish to the genie
y el genio le dio otro juego de platos

and the genie gave him another set of plates
y así vivieron durante muchos años
and thus they lived for many years

Un día Aladino escuchó una orden del sultán.
One day Aladdin heard an order from the Sultan
Todos debían quedarse en casa y cerrar sus persianas
everyone was to stay at home and close their shutters
la princesa iba y venía de su baño
the Princess was going to and from her bath
Aladino fue presa por el deseo de ver su rostro.
Aladdin was seized by a desire to see her face
aunque era muy difícil ver su rostro
although it was very difficult to see her face
Porque dondequiera que iba llevaba un velo
because everywhere she went she wore a veil
Se escondió detrás de la puerta del baño
He hid himself behind the door of the bath
y se asomó a través de una grieta en la puerta
and he peeped through a chink in the door
La princesa levantó su velo mientras entraba al baño.
The Princess lifted her veil as she went in to the bath
y se veía tan hermosa que Aladdin se enamoró de ella a primera vista.
and she looked so beautiful that Aladdin fell in love with her at first sight
Se fue a casa tan cambiado que su madre estaba asustada.
He went home so changed that his mother was frightened
Le dijo que amaba tanto a la princesa que no podía vivir sin ella.

He told her he loved the Princess so deeply that he could not live without her
y quería pedirle matrimonio a su padre
and he wanted to ask her in marriage of her father
Su madre, al escuchar esto, se echó a reír.
His mother, on hearing this, burst out laughing
pero Aladino finalmente la convenció para que fuera ante el sultán.
but Aladdin at last prevailed upon her to go before the Sultan
y ella iba a llevar su petición
and she was going to carry his request
Tomó una servilleta y puso en ella las frutas mágicas.
She fetched a napkin and laid in it the magic fruits
Los frutos mágicos del jardín encantado
the magic fruits from the enchanted garden
Las frutas brillaban y brillaban como las joyas más bellas
the fruits sparkled and shone like the most beautiful jewels
Se llevó las frutas mágicas con ella para complacer al sultán.
She took the magic fruits with her to please the Sultan
y ella partió, confiando en la lámpara
and she set out, trusting in the lamp
El Gran Visir y los señores del consejo acababan de entrar en el palacio
The Grand Vizier and the lords of council had just gone into the palace
y se colocó frente al Sultán.
and she placed herself in front of the Sultan
Él, sin embargo, no le prestó atención.

He, however, took no notice of her
Ella fue todos los días durante una semana
She went every day for a week
y ella estaba en el mismo lugar
and she stood in the same place
Cuando el concilio se disolvió al sexto día, el sultán le dijo a su visir:
When the council broke up on the sixth day the Sultan said to his Vizier:
"Veo a cierta mujer en la sala de audiencias todos los días".
"I see a certain woman in the audience-chamber every day"
"Ella siempre lleva algo en una servilleta"
"she is always carrying something in a napkin"
"Llámala para que venga a nosotros, la próxima vez"
"Call her to come to us, next time"
"para que pueda averiguar lo que ella quiere"
"so that I may find out what she wants"
Al día siguiente, el visir le dio una señal
Next day the Vizier gave her a sign
Ella subió al pie del trono
she went up to the foot of the throne
y permaneció arrodillada hasta que el sultán le habló.
and she remained kneeling till the Sultan spoke to her
"Levántate, buena mujer, dime lo que quieres"
"Rise, good woman, tell me what you want"
Ella vaciló, por lo que el sultán despidió a todos menos al visir.
She hesitated, so the Sultan sent away all but the Vizier
y él le ordenó que hablara con franqueza
and he bade her to speak frankly

y él prometió perdonarla por cualquier cosa que ella pudiera decir.
and he promised to forgive her for anything she might say
Luego le contó sobre el amor violento de su hijo por la princesa.
She then told him of her son's violent love for the Princess
"Le recé para que la olvidara", dijo.
"I prayed him to forget her" she said
"Pero las oraciones fueron en vano"
"but the prayers were in vain"
"Me amenazó con hacer un acto desesperado si me negaba a irme"
"he threatened to do some desperate deed if I refused to go"
"y por eso pido a Su Majestad la mano de la Princesa"
"and so I ask your Majesty for the hand of the Princess"
"pero ahora te ruego que me perdones"
"but now I pray you to forgive me"
"y ruego que perdones a mi hijo Aladino"
"and I pray that you forgive my son Aladdin"
El sultán le preguntó amablemente qué tenía en la servilleta.
The Sultan asked her kindly what she had in the napkin
Así que desplegó la servilleta
so she unfolded the napkin
y ella presentó las joyas al Sultán
and she presented the jewels to the Sultan
Estaba atónito por la belleza de las joyas.
He was thunderstruck by the beauty of the jewels
y se volvió hacia el visir y le preguntó: "¿Qué dices tú?"
and he turned to the Vizier and asked "What sayest thou?"
"¿No debería otorgar a la princesa a alguien que la

valora a tal precio?"
"Ought I not to bestow the Princess on one who values her at such a price?"
El visir la quería para su propio hijo
The Vizier wanted her for his own son
así que le rogó al sultán que la retuviera durante tres meses.
so he begged the Sultan to withhold her for three months
Tal vez dentro del tiempo su hijo se las ingeniaría para hacer un regalo más rico.
perhaps within the time his son would contrive to make a richer present
El sultán concedió el deseo de su visir
The Sultan granted the wish of his Vizier
y le dijo a la madre de Aladino que él consintió en el matrimonio.
and he told Aladdin's mother that he consented to the marriage
pero ella no debe volver a comparecer ante él durante tres meses.
but she must not appear before him again for three months
Aladdin esperó pacientemente durante casi tres meses
Aladdin waited patiently for nearly three months
Después de dos meses, su madre fue a ir al mercado.
after two months had elapsed his mother went to go to the market
Ella iba a la ciudad a comprar petróleo
she was going into the city to buy oil
Cuando llegó al mercado encontró a todos regocijándose.
when she got to the market found every one rejoicing
Así que preguntó qué estaba pasando.

so she asked what was going on
"¿No lo sabes?" fue la respuesta
"Do you not know?" was the answer
"el hijo del Gran Visir se casará con la hija del Sultán esta noche"
"the son of the Grand Vizier is to marry the Sultan's daughter tonight"
Sin aliento, corrió y le dijo a Aladdin.
Breathless, she ran and told Aladdin
al principio Aladdin estaba abrumado
at first Aladdin was overwhelmed
Pero luego pensó en la lámpara y la frotó.
but then he thought of the lamp and rubbed it
Una vez más, el genio apareció fuera de la lámpara
once again the the genie appeared out of the lamp
"¿Cuál es tu voluntad?", preguntó el genio.
"What is thy will?" asked the genie
"El sultán, como tú sabes, ha roto su promesa a mí".
"The Sultan, as thou knowest, has broken his promise to me"
"El hijo del visir va a tener a la princesa"
"the Vizier's son is to have the Princess"
"Mi orden es que esta noche traigas a la novia y al novio"
"My command is that tonight you bring the bride and bridegroom"
"Maestro, obedezco", dijo el genio.
"Master, I obey" said the genie
Aladino luego fue a su cámara
Aladdin then went to his chamber
Efectivamente, a medianoche el genio transportó una

cama
sure enough, at midnight the genie transported a bed
y la cama contenía al hijo del visir y a la princesa
and the bed contained the Vizier's son and the Princess
"Toma a este hombre recién casado, genio", dijo.
"Take this new-married man, genie" he said
"Póngalo afuera en el frío por la noche "
"put him outside in the cold for the night"
"luego devuélvalos de nuevo al amanecer"
"then return them again at daybreak"
Entonces el genio sacó al hijo del visir de la cama
So the genie took the Vizier's son out of bed
y dejó a Aladino con la princesa
and he left Aladdin with the Princess
"No temas nada", le dijo Aladino, "eres mi esposa".
"Fear nothing," Aladdin said to her, "you are my wife"
"Me fue prometido por su padre injusto "
"you were promised to me by your unjust father"
"Y ningún daño vendrá a ti"
"and no harm shall come to you"
La princesa estaba demasiado asustada para hablar
The Princess was too frightened to speak
y pasó la noche más miserable de su vida
and she passed the most miserable night of her life
aunque Aladino se acostó a su lado y durmió profundamente
although Aladdin lay down beside her and slept soundly
A la hora señalada, el genio fue a buscar al novio tembloroso.
At the appointed hour the genie fetched in the shivering bridegroom

lo puso en su lugar
he laid him in his place
y transportó la cama de regreso al palacio
and he transported the bed back to the palace
En ese momento, el sultán vino a desearle buenos días a su hija.
Presently the Sultan came to wish his daughter good-morning
El infeliz hijo del visir se levantó de un salto y se escondió.
The unhappy Vizier's son jumped up and hid himself
y la princesa no decía una palabra
and the Princess would not say a word
y ella estaba muy triste
and she was very sorrowful
El sultán envió a su madre a ella
The Sultan sent her mother to her
"¿Por qué no le hablas a tu padre, hijo?"
"Why will you not speak to your father, child?"
"¿Qué ha pasado?", preguntó.
"What has happened?" she asked
La princesa suspiró profundamente
The Princess sighed deeply
y por fin le contó a su madre lo que había sucedido.
and at last she told her mother what had happened
Ella le contó cómo la cama había sido llevada a una casa extraña.
she told her how the bed had been carried into some strange house
y contó lo que había sucedido en la casa
and she told of what had happened in the house

Su madre no le creyó en lo más mínimo
Her mother did not believe her in the least
y ella le ordenó que lo considerara un sueño ocioso
and she bade her to consider it an idle dream
La noche siguiente sucedió exactamente lo mismo.
The following night exactly the same thing happened
y a la mañana siguiente la princesa tampoco quiso hablar.
and the next morning the princess wouldn't speak either
ante la negativa de la princesa a hablar, el sultán amenazó con cortarle la cabeza.
on the Princess's refusal to speak, the Sultan threatened to cut off her head
Luego confesó todo lo que había sucedido.
She then confessed all that had happened
y ella le pidió que le preguntara al hijo del visir.
and she bid him to ask the Vizier's son
El sultán le dijo al visir que le preguntara a su hijo.
The Sultan told the Vizier to ask his son
y el hijo del visir dijo la verdad
and the Vizier's son told the truth
agregó que amaba mucho a la princesa.
he added that he dearly loved the Princess
"pero preferiría morir antes que pasar por otra noche tan aterradora"
"but I would rather die than go through another such fearful night"
y él deseaba separarse de ella, lo cual le fue concedido
and he wished to be separated from her, which was granted
y se acabó el banquete y el regocijo
and there was an end to feasting and rejoicing

Luego terminaron los tres meses
then the three months were over
Aladino envió a su madre para recordarle al sultán su promesa.
Aladdin sent his mother to remind the Sultan of his promise
Ella estaba en el mismo lugar que antes
She stood in the same place as before
el sultán había olvidado a Aladino
the Sultan had forgotten Aladdin
pero de inmediato lo recordó de nuevo
but at once he remembered him again
y le pidió que viniera a él.
and he asked for her to come to him
Al ver su pobreza, el sultán se sintió menos inclinado que nunca a cumplir su palabra.
On seeing her poverty the Sultan felt less inclined than ever to keep his word
y le pidió consejo a su visir
and he asked his Vizier's advice
le aconsejó que le diera un alto valor a la princesa.
he counselled him to set a high value on the Princess
Un precio tan alto que ningún hombre vivo podría llegar a él
a price so high that no man living could come up to it
El sultán entonces se volvió hacia la madre de Aladino, diciendo:
The Sultan then turned to Aladdin's mother, saying:
"Buena mujer, un sultán debe recordar sus promesas"
"Good woman, a Sultan must remember his promises"
"y recordaré mi promesa"
"and I will remember my promise"

"Pero tu hijo primero debe enviarme cuarenta palanganas de oro"
"but your son must first send me forty basins of gold"
"y las cuencas de oro deben estar llenas de joyas"
"and the gold basins must be brimful of jewels"
"y deben ser llevados por cuarenta camellos negros"
"and they must be carried by forty black camels"
"Y delante de cada camello negro debe haber uno blanco"
"and in front of each black camel there is to be a white one"
"y todos deben vestirse espléndidamente"
"and they are all to be splendidly dressed"
"Dile que espero su respuesta"
"Tell him that I await his answer"
La madre de Aladino se inclinó
The mother of Aladdin bowed low
y luego se fue a casa
and then she went home
aunque pensó que todo estaba perdido
although she thought all was lost
Ella le dio el mensaje a Aladdin
She gave Aladdin the message
y ella agregó: "¡Puede que espere lo suficiente para tu respuesta!"
and she added, "He may wait long enough for your answer!"
"No mientras pienses, madre", respondió su hijo.
"Not so long as you think, mother" her son replied
"Haría mucho más que eso por la princesa"
"I would do a great deal more than that for the Princess"
y volvió a convocar al genio
and he summoned the genie again

y en pocos momentos llegaron los ochenta camellos
and in a few moments the eighty camels arrived
y ocuparon todo el espacio en la pequeña casa y el jardín
and they took up all space in the small house and garden
Aladino los hizo dirigirse al palacio
Aladdin made them set out to the palace
y fueron seguidos por su madre
and they were followed by his mother
Estaban muy ricamente vestidos
They were very richly dressed
y espléndidas joyas estaban en sus fajas
and splendid jewels were on their girdles
y todos se agolparon alrededor para verlos
and everyone crowded around to see them
y las cuencas de oro que llevaban sobre sus espaldas
and the basins of gold they carried on their backs
Entraron en el palacio del Sultán
They entered the palace of the Sultan
y se arrodillaron ante él en semicírculo.
and they kneeled before him in a semi circle
y la madre de Aladino se los presentó al sultán.
and Aladdin's mother presented them to the Sultan
No dudó más, pero dijo:
He hesitated no longer, but said:
"Buena mujer, vuelve con tu hijo"
"Good woman, return to your son"
"Dile que lo espero con los brazos abiertos"
"tell him that I wait for him with open arms"
No perdió tiempo en decirle a Aladdin
She lost no time in telling Aladdin
y ella le pidió que se apresurara

and she bid him make haste

Pero Aladdin primero llamó al genio
But Aladdin first called for the genie

"Quiero un baño perfumado", dijo.
"I want a scented bath" he said

"y quiero un caballo más hermoso que el del sultán"
"and I want a horse more beautiful than the Sultan's"

"y quiero que veinte siervos me asistan"
"and I want twenty servants to attend me"

"y también quiero que seis sirvientes bellamente vestidos esperen a mi madre
"and I also want six beautifully dressed servants to wait on my mother

"y por último, quiero diez mil piezas de oro en diez carteras"
"and lastly, I want ten thousand pieces of gold in ten purses"

Tan pronto como dijo lo que quería y se hizo.
No sooner had he said what he wanted and it was done

Aladino montó su hermoso caballo
Aladdin mounted his beautiful horse

y pasó por las calles
and he passed through the streets

Los siervos arrojaron oro a la multitud mientras se dirigían
the servants cast gold into the crowd as they went

Los que habían jugado con él en su infancia no lo conocían.
Those who had played with him in his childhood knew him not

Se había vuelto muy guapo
he had grown very handsome

Cuando el sultán lo vio, bajó de su trono
When the Sultan saw him he came down from his throne
Abrazó a su nuevo yerno con los brazos abiertos
he embraced his new son in law with open arms
y lo condujo a un salón donde se extendía una fiesta.
and he led him into a hall where a feast was spread
tenía la intención de casarlo con la princesa ese mismo día.
he intended to marry him to the Princess that very day
Pero Aladino se negó a casarse de inmediato.
But Aladdin refused to marry straight away
"Primero debo construir un palacio digno de la princesa"
"first I must build a palace fit for the princess"
y luego se despidió
and then he took his leave
Una vez en casa, le dijo al genio:
Once home, he said to the genie:
"Constrúyeme un palacio del mejor mármol "
"Build me a palace of the finest marble"
"Establecer el palacio con jaspe, ágata y otras piedras preciosas "
"set the palace with jasper, agate, and other precious stones"
"En el medio me construirás una gran sala con una cúpula"
"In the middle you shall build me a large hall with a dome"
"Sus cuatro paredes serán de masas de oro y plata"
"its four walls will be of masses of gold and silver"
"y cada pared tendrá seis ventanas"
"and each wall will have six windows"
"Y las celosías de las ventanas se engastarán con joyas

preciosas"
"and the lattices of the windows will be set with precious jewels"
"pero debe haber una ventana que no esté decorada"
"but there must be one window that is not decorated"
"¡Ve a ver que se hace!"
"go see that it gets done!"
El palacio estaba terminado al día siguiente.
The palace was finished by the next day
El genio lo llevó al nuevo palacio
the genie carried him to the new palace
y le mostró cómo todas sus órdenes habían sido fielmente cumplidas.
and he showed him how all his orders had been faithfully carried out
incluso una alfombra de terciopelo había sido colocada desde el palacio de Aladino hasta el palacio del sultán.
even a velvet carpet had been laid from Aladdin's palace to the Sultan's
La madre de Aladino se vistió cuidadosamente
Aladdin's mother then dressed herself carefully
y caminó hacia el palacio con sus sirvientes
and she walked to the palace with her servants
y Aladino la siguió a caballo
and Aladdin followed her on horseback
El sultán envió músicos con trompetas y platillos para reunirse con ellos.
The Sultan sent musicians with trumpets and cymbals to meet them
Así que el aire resonó con música y vítores
so the air resounded with music and cheers

Fue llevada ante la princesa, quien la saludó.
She was taken to the Princess, who saluted her
y la trató con gran honor
and she treated her with great honour
Por la noche la princesa se despidió de su padre
At night the Princess said good-by to her father
y se puso en la alfombra para el palacio de Aladino
and she set out on the carpet for Aladdin's palace
Su madre estaba a su lado
his mother was at her side
y fueron seguidos por su séquito de sirvientes
and they were followed by their entourage of servants
Ella estaba encantada al ver a Aladdin
She was charmed at the sight of Aladdin
y Aladino corrió a recibirla en el palacio
and Aladdin ran to receive her into the palace
"Princesa", dijo, "culpa a tu belleza por mi audacia.
"Princess," he said "blame your beauty for my boldness
"Espero no haberte disgustado"
"I hope I have not displeased you"
Ella dijo que obedeció voluntariamente a su padre en este asunto.
she said she willingly obeyed her father in this matter
porque ella había visto que él es guapo
because she had seen that he is handsome
Después de que la boda tuvo lugar, Aladino la llevó al pasillo.
After the wedding had taken place Aladdin led her into the hall
Aquí se extendió una fiesta en el pasillo
here a feast was spread out in the hall

y ella cenó con él
and she supped with him
Después de comer bailaron hasta la medianoche
after eating they danced till midnight

Al día siguiente, Aladino invitó al sultán a ver el palacio.
The next day Aladdin invited the Sultan to see the palace
Entraron en la sala con las cuatro y veinte ventanas
they entered the hall with the four-and-twenty windows
Las ventanas estaban decoradas con rubíes, diamantes y esmeraldas.
the windows were decorated with rubies, diamonds, and emeralds
gritó: "¡Es una maravilla del mundo!"
he cried "It is a world's wonder!"
"Solo hay una cosa que me sorprende"
"There is only one thing that surprises me"
"¿Fue por accidente que una ventana quedó sin terminar?"
"Was it by accident that one window was left unfinished?"
"No, señor, se hizo por diseño", respondió Aladdin.
"No, sir, it was done so by design" replied Aladdin
"Deseaba que Su Majestad tuviera la gloria de terminar este palacio"
"I wished your Majesty to have the glory of finishing this palace"
El sultán se alegró de recibir este honor.
The Sultan was pleased to be given this honour
y mandó llamar a los mejores joyeros de la ciudad
and he sent for the best jewellers in the city
Les mostró la ventana inacabada

He showed them the unfinished window
y les ordenó que lo decoraran como los demás.
and he bade them to decorate it like the others
"Señor", respondió su portavoz
"Sir" replied their spokesman
"No podemos encontrar suficientes joyas"
"we cannot find enough jewels"
así que el sultán tenía sus propias joyas traídas
so the Sultan had his own jewels fetched
Pero esas joyas pronto se agotaron también.
but those jewels were soon soon used up too
Incluso después de un mes, el trabajo no estaba a medias.
even after a month's time the work was not half done
Aladdin sabía que su tarea era imposible
Aladdin knew that their task was impossible
les ordenó que deshicieran su trabajo
he bade them to undo their work
y les ordenó que llevaran las joyas de vuelta
and he bade them carry the jewels back
El genio terminó la ventana a sus órdenes.
the genie finished the window at his command
El sultán se sorprendió al recibir sus joyas de nuevo
The Sultan was surprised to receive his jewels again
visitó a Aladino, quien le mostró la ventana terminada
he visited Aladdin, who showed him the window finished
y el sultán abrazó a su yerno
and the Sultan embraced his son in law
mientras tanto, el envidioso visir sospechaba de la obra de encantamiento.
meanwhile, the envious Vizier suspected the work of

enchantment

Aladino se había ganado los corazones de la gente con su porte suave.
Aladdin had won the hearts of the people by his gentle bearing

Fue nombrado capitán de los ejércitos del sultán.
He was made captain of the Sultan's armies

y ganó varias batallas para su ejército
and he won several battles for his army

pero permaneció tan modesto y cortés como antes.
but he remained as modest and courteous as before

De esta manera vivió en paz y contento durante varios años.
in this way he lived in peace and content for several years

Pero muy lejos, en África, el mago recordaba a Aladino.
But far away in Africa the magician remembered Aladdin

y por sus artes mágicas descubrió que Aladino no había perecido en la cueva.
and by his magic arts he discovered Aladdin hadn't perished in the cave

Pero en lugar de perecer, había escapado y se había casado con la princesa.
but instead of perishing he had escaped and married the princess

y ahora vivía en gran honor y riqueza.
and now he was living in great honour and wealth

Sabía que el hijo del pobre sastre sólo podría haber logrado esto por medio de la lámpara.
He knew that the poor tailor's son could only have accomplished this by means of the lamp

y viajó día y noche hasta llegar a la ciudad

and he travelled night and day until he reached the city
estaba empeñado en asegurarse de la ruina de Aladino
he was bent on making sure of Aladdin's ruin
Al pasar por la ciudad oyó a la gente hablar
As he passed through the town he heard people talking
Todo de lo que podían hablar era de un palacio maravilloso
all they could talk about was a marvellous palace
"Perdona mi ignorancia", pidió.
"Forgive my ignorance," he asked
"¿Qué es este palacio del que hablas?"
"what is this palace you speak of?"
"¿No has oído hablar del palacio del príncipe Aladino?", fue la respuesta.
"Have you not heard of Prince Aladdin's palace?" was the reply
"Es la mayor maravilla del mundo"
"it is the greatest wonder of the world"
"Te dirigiré al palacio, si quieres verlo"
"I will direct you to the palace, if you would like to see it"
El mago le agradeció por traerlo al palacio
The magician thanked him for bringing him to the palace
y habiendo visto el palacio, supo que había sido levantado por el Genio de la Lámpara
and having seen the palace, he knew that it had been raised by the Genie of the Lamp
Esto lo hizo medio loco de rabia.
this made him half mad with rage
Decidió hacerse con la lámpara
He determined to get hold of the lamp
y volvería a hundir a Aladino en la pobreza más

profunda
and he would again plunge Aladdin into the deepest poverty
Desafortunadamente, Aladdin había ido a cazar durante ocho días.
Unluckily, Aladdin had gone a-hunting for eight days
Esto le dio al mago mucho tiempo.
this gave the magician plenty of time
Compró una docena de lámparas de cobre
He bought a dozen copper lamps
y los puso en una canasta
and he put them into a basket
y fue al palacio
and he went to the palace
"¡Lámparas nuevas para viejas!", exclamó.
"New lamps for old!" he exclaimed
y fue seguido por una multitud burlona
and he was followed by a jeering crowd
La princesa estaba sentada en el salón de cuatro y veinte ventanas
The Princess was sitting in the hall of four-and-twenty windows
Envió a un sirviente para averiguar de qué se trataba el ruido.
she sent a servant to find out what the noise was about
el sirviente volvió riendo tanto que la princesa la regañó
the servant came back laughing so much that the Princess scolded her
"Señora", respondió el sirviente.
"Madam," replied the servant
"¿Quién puede evitar reírse cuando ves tal cosa?"
"who can help but laughing when you see such a thing?"

"Un viejo tonto está ofreciendo cambiar lámparas nuevas y finas por viejas"
"an old fool is offering to exchange fine new lamps for old ones"

Otro sirviente, al oír esto, habló.
Another servant, hearing this, spoke up

"Hay una vieja lámpara en la cornisa que puede tener"
"There is an old lamp on the cornice there which he can have"

Esta, por supuesto, era la lámpara mágica
this, of course, was the magic lamp

Aladino lo había dejado allí, ya que no podía sacarlo a cazar con él.
Aladdin had left it there, as he could not take it out hunting with him

La princesa no sabía el valor de la lámpara
The Princess didn't know know the lamp's value

riendo, le ordenó al sirviente que lo cambiara.
laughingly she bade the servant to exchange it

El sirviente llevó la lámpara al mago
the servant took the lamp to the magician

"Dame una lámpara nueva para esto", dijo.
"Give me a new lamp for this" she said

Se lo arrebató y le ordenó a la sirvienta que tomara su decisión.
He snatched it and bade the servant to take her choice

y toda la multitud se burló de la vista
and all the crowd jeered at the sight

Pero al mago le importaba poco la multitud
but the magician cared little for the crowd

Dejó a la multitud con la lámpara que se había

propuesto conseguir.
he left the crowd with the lamp he had set out to get
y salió de las puertas de la ciudad a un lugar solitario
and he went out of the city gates to a lonely place
Allí permaneció hasta el anochecer.
there he remained till nightfall
y al caer la noche sacó la lámpara y la frotó
and it nightfall he pulled out the lamp and rubbed it
El genio se le apareció al mago
The genie appeared to the magician
y el mago hizo su orden al genio
and the magician made his command to the genie
"llévame a mí, a la princesa y al palacio a un lugar solitario en África"
"carry me, the princess, and the palace to a lonely place in Africa"

A la mañana siguiente, el sultán miró por la ventana hacia el palacio de Aladino.
Next morning the Sultan looked out of the window toward Aladdin's palace
y se frotó los ojos cuando vio que el palacio se había ido.
and he rubbed his eyes when he saw the palace was gone
Mandó llamar al visir y le preguntó qué había sido del palacio.
He sent for the Vizier and asked what had become of the palace
El visir también miró hacia afuera, y se perdió en el asombro
The Vizier looked out too, and was lost in astonishment

De nuevo lo atribuyó al encantamiento
He again put it down to enchantment
y esta vez el sultán le creyó
and this time the Sultan believed him
envió treinta hombres a caballo para buscar a Aladino encadenado.
he sent thirty men on horseback to fetch Aladdin in chains
Lo conocieron cabalgando a casa
They met him riding home
Lo ataron y lo obligaron a ir con ellos a pie.
they bound him and forced him to go with them on foot
La gente, sin embargo, que lo amaba, los siguió al palacio.
The people, however, who loved him, followed them to the palace
Se asegurarían de que no sufriera ningún daño.
they would make sure that he came to no harm
Fue llevado ante el sultán.
He was carried before the Sultan
y el sultán ordenó al verdugo que le cortara la cabeza.
and the Sultan ordered the executioner to cut off his head
El verdugo hizo que Aladino se arrodillara ante un bloque de madera
The executioner made Aladdin kneel down before a block of wood
Se vendó los ojos para que no pudiera ver
he bandaged his eyes so that he could not see
y levantó su cimitarra para golpear
and he raised his scimitar to strike
En ese instante, el visir vio que la multitud había entrado por la fuerza en el patio.

At that instant the Vizier saw the crowd had forced their way into the courtyard

estaban escalando las paredes para rescatar a Aladino
they were scaling the walls to rescue Aladdin

Así que llamó al verdugo para que se detuviera.
so he called to the executioner to halt

La gente, de hecho, parecía tan amenazante que el sultán cedió.
The people, indeed, looked so threatening that the Sultan gave way

y ordenó que Aladino fuera desatado
and he ordered Aladdin to be unbound

Lo perdonó a la vista de la multitud
he pardoned him in the sight of the crowd

Aladino ahora rogó saber lo que había hecho.
Aladdin now begged to know what he had done

"¡Falso desgraciado!", dijo el sultán, "ven allí".
"False wretch!" said the Sultan "come thither"

Le mostró desde la ventana el lugar donde había estado su palacio.
he showed him from the window the place where his palace had stood

Aladino estaba tan asombrado que no pudo decir una palabra.
Aladdin was so amazed that he could not say a word

"¿Dónde está mi palacio y mi hija?", preguntó el sultán.
"Where is my palace and my daughter?" demanded the Sultan

"Por primera vez no estoy tan profundamente preocupado"
"For the first I am not so deeply concerned"

"pero hija mía debo tener"
"but my daughter I must have"
"y debes encontrarla o perder la cabeza"
"and you must find her or lose your head"
Aladino suplicó que se le concedieran cuarenta días para encontrarla.
Aladdin begged to be granted forty days in which to find her
Prometió que si fallaba volvería
he promised that if he failed he would return
y a su regreso sufriría la muerte a placer del sultán.
and on his return he would suffer death at the Sultan's pleasure
Su oración fue concedida por el Sultán.
His prayer was granted by the Sultan
y salió tristemente de la presencia del Sultán.
and he went forth sadly from the Sultan's presence
Durante tres días vagó como un loco.
For three days he wandered about like a madman
Preguntó a todos qué había sido de su palacio.
he asked everyone what had become of his palace
pero solo se rieron y se compadecieron de él.
but they only laughed and pitied him
Llegó a las orillas de un río
He came to the banks of a river
Se arrodilló para decir sus oraciones antes de lanzarse.
he knelt down to say his prayers before throwing himself in
Al hacerlo, frotó el anillo mágico que todavía usaba.
In so doing he rubbed the magic ring he still wore
El genio que había visto en la cueva apareció
The genie he had seen in the cave appeared
y le preguntó cuál era su voluntad.

and he asked him what his will was
"Salva mi vida, genio", dijo Aladdin.
"Save my life, genie" said Aladdin
"Trae mi palacio de vuelta"
"bring my palace back"
"Eso no está en mi poder", dijo el genio.
"That is not in my power" said the genie
"Solo soy el Esclavo del Anillo"
"I am only the Slave of the Ring"
"Debes pedirle la lámpara"
"you must ask him for the lamp"
"Eso podría ser cierto", dijo Aladdin.
"that might be true" said Aladdin
"Pero tú puedes llevarme al palacio"
"but thou canst take me to the palace"
"Ponme debajo de la ventana de mi querida esposa"
"set me down under my dear wife's window"
De inmediato se encontró en África.
He at once found himself in Africa
estaba bajo la ventana de la princesa
he was under the window of the Princess
y se durmió por puro cansancio
and he fell asleep out of sheer weariness
Fue despertado por el canto de los pájaros
He was awakened by the singing of the birds
y su corazón era más ligero de lo que era antes
and his heart was lighter than it was before
Vio claramente que todas sus desgracias se debían a la pérdida de la lámpara.
He saw plainly that all his misfortunes were owing to the loss of the lamp

y se preguntó en vano quién le había robado
and he vainly wondered who had robbed him of it
Esa mañana la princesa se levantó antes de lo normal.
That morning the Princess rose earlier than she normally
Una vez al día se veía obligada a soportar la compañía de los magos.
once a day she was forced to endure the magicians company
Ella, sin embargo, lo trató con mucha dureza.
She, however, treated him very harshly
Así que no se atrevió a vivir con ella en el palacio.
so he dared not live with her in the palace
Mientras se vestía, una de sus mujeres miró hacia afuera y vio a Aladdin.
As she was dressing, one of her women looked out and saw Aladdin
La princesa corrió y abrió la ventana
The Princess ran and opened the window
ante el ruido que hizo Aladdin levantó la vista
at the noise she made Aladdin looked up
Ella lo llamó para que fuera a verla.
She called to him to come to her
Fue una gran alegría para los amantes volver a verse.
it was a great joy for the lovers to see each other again
Después de besarla, Aladino dijo:
After he had kissed her Aladdin said:
"Te lo ruego, princesa, en el nombre de Dios".
"I beg of you, Princess, in God's name"
"antes de hablar de otra cosa"
"before we speak of anything else"
"Por tu propio bien y el mío"
"for your own sake and mine"

"Dime qué ha sido de la vieja lámpara"
"tell me what has become of the old lamp"
"Lo dejé en la cornisa en el salón de cuatro y veinte ventanas"
"I left it on the cornice in the hall of four-and-twenty windows"
"¡Ay!", dijo, "Yo soy la causa inocente de nuestras penas".
"Alas!" she said, "I am the innocent cause of our sorrows"
y ella le contó del cambio de la lámpara
and she told him of the exchange of the lamp
"Ahora lo sé", gritó Aladino.
"Now I know" cried Aladdin
"¡Tenemos que agradecer al mago por esto!"
"we have to thank the magician for this!"
"¿Dónde está la lámpara?"
"Where is the lamp?"
"Lo lleva consigo", dijo la princesa.
"He carries it about with him" said the Princess
"Sé que lleva la lámpara consigo"
"I know he carries the lamp with him"
"Porque se lo sacó del pecho para mostrármelo"
"because he pulled it out of his breast to show me"
"Y él desea que rompa mi fe contigo y me case con él"
"and he wishes me to break my faith with you and marry him"
"Y dijo que fuiste decapitado por orden de mi padre"
"and he said you were beheaded by my father's command"
"Él siempre está hablando mal de ti"
"He is for ever speaking ill of you"
"pero sólo respondo con mis lágrimas"

"but I only reply by my tears"
"Si persisto, no lo dudo"
"If I persist, I doubt not"
"Pero usará la violencia"
"but he will use violence"
Aladino consoló a su esposa
Aladdin comforted his wife
y la dejó por un tiempo
and he left her for a while
Se cambió de ropa con la primera persona que conoció en el pueblo.
He changed clothes with the first person he met in the town
y habiendo comprado cierto polvo, regresó a la princesa
and having bought a certain powder, he returned to the Princess
la princesa lo dejó entrar por una pequeña puerta lateral
the Princess let him in by a little side door
"Ponte tu vestido más hermoso", le dijo.
"Put on your most beautiful dress" he said to her
"Recibe al mago con sonrisas hoy "
"receive the magician with smiles today"
"Hazle creer que me has olvidado"
"lead him to believe that you have forgotten me"
"Invítalo a cenar contigo"
"Invite him to sup with you"
"Y dile que deseas probar el vino de su país"
"and tell him you wish to taste the wine of his country"
"Se irá por algún tiempo"
"He will be gone for some time"
"Mientras se haya ido, te diré qué hacer"
"while he is gone I will tell you what to do"

Ella escuchó atentamente a Aladdin
She listened carefully to Aladdin
y cuando él se fue, ella se arregló maravillosamente.
and when he left she arrayed herself beautifully
Ella no se había vestido así desde que había dejado su ciudad
she hadn't dressed like this since she had left her city
Se puso una faja y tocado de diamantes
She put on a girdle and head-dress of diamonds
Ella era más hermosa que nunca
she was more beautiful than ever
y recibió al mago con una sonrisa
and she received the magician with a smile
"He decidido que Aladdin está muerto"
"I have made up my mind that Aladdin is dead"
"Mis lágrimas no lo traerán de vuelta a mí"
"my tears will not bring him back to me"
"Así que estoy resuelto a no llorar más"
"so I am resolved to mourn no more"
"Por eso te invito a cenar conmigo"
"therefore I invite you to sup with me"
"pero estoy cansado de los vinos que tenemos"
"but I am tired of the wines we have"
"Me gustaría probar los vinos de África"
"I would like to taste the wines of Africa"
El mago corrió a su bodega
The magician ran to his cellar
y la princesa puso el polvo que Aladino le había dado en su copa.
and the Princess put the powder Aladdin had given her in her cup

Cuando regresó, ella le pidió que bebiera su salud.
When he returned she asked him to drink her health
y ella le entregó su copa a cambio de su
and she handed him her cup in exchange for his
Esto se hizo como una señal para mostrar que ella estaba reconciliada con él.
this was done as a sign to show she was reconciled to him
Antes de beber, el mago le hizo un discurso
Before drinking the magician made her a speech
Quería alabar su belleza
he wanted to praise her beauty
pero la princesa lo interrumpió
but the Princess cut him short
"Bebamos primero"
"Let us drink first"
"y dirás lo que quieras después"
"and you shall say what you will afterwards"
Se puso la copa en los labios y la mantuvo allí.
She set her cup to her lips and kept it there
El mago drenó su copa hasta las heces
the magician drained his cup to the dregs
y al terminar su bebida cayó sin vida
and upon finishing his drink he fell back lifeless
La princesa entonces abrió la puerta a Aladino
The Princess then opened the door to Aladdin
y ella echó sus brazos alrededor de su cuello
and she flung her arms round his neck
pero Aladdin le pidió que lo dejara
but Aladdin asked her to leave him
Aún queda mucho por hacer
there was still more to be done

Luego fue al mago muerto
He then went to the dead magician
y sacó la lámpara de su chaleco
and he took the lamp out of his vest
Le ordenó al genio que llevara el palacio de regreso
he bade the genie to carry the palace back
la princesa en su habitación solo sintió dos pequeñas descargas
the Princess in her chamber only felt two little shocks
En poco tiempo estaba en casa de nuevo
in little time she was at home again
El sultán estaba sentado en su balcón
The Sultan was sitting on his balcony
Estaba de luto por su hija perdida
he was mourning for his lost daughter
Levantó la vista y tuvo que frotarse los ojos de nuevo
he looked up and had to rub his eyes again
El palacio estaba allí como lo había hecho antes
the palace stood there as it had before
Se apresuró al palacio para ver a su hija.
He hastened over to the palace to see his daughter
Aladino lo recibió en el salón del palacio
Aladdin received him in the hall of the palace
y la princesa estaba a su lado
and the princess was at his side
Aladino le contó lo que había sucedido
Aladdin told him what had happened
y le mostró el cadáver del mago
and he showed him the dead body of the magician
para que el sultán le creyera
so that the Sultan would believe him

Se proclamó una fiesta de diez días
A ten days' feast was proclaimed
y parecía que Aladino podría vivir el resto de su vida en paz.
and it seemed as if Aladdin might now live the rest of his life in peace
pero no iba a ser tan pacífico como él había esperado.
but it was not to be as peaceful as he had hoped

El mago africano tenía un hermano menor
The African magician had a younger brother
Tal vez era incluso más malvado y astuto que su hermano.
he was maybe even more wicked and cunning than his brother
Viajó a Aladino para vengar la muerte de su hermano.
He travelled to Aladdin to avenge his brother's death
fue a visitar a una mujer piadosa llamada Fátima.
he went to visit a pious woman called Fatima
Pensó que ella podría serle útil.
he thought she might be of use to him
Entró en su celda y le dio una daga en el pecho.
He entered her cell and clapped a dagger to her breast
Luego le dijo que se levantara y cumpliera sus órdenes.
then he told her to rise and do his bidding
y si ella no lo hacía, él dijo que la mataría.
and if she didn't he said he would kill her
Se cambió de ropa con ella
He changed his clothes with her
y él coloreó su cara como la de ella
and he coloured his face like hers

Se puso el velo para que se pareciera a ella
he put on her veil so that he looked just like her
y finalmente la asesinó a pesar de su obediencia
and finally he murdered her despite her compliance
para que no pudiera contar cuentos
so that she could tell no tales
Luego se dirigió hacia el palacio de Aladino.
Then he went towards the palace of Aladdin
Todo el pueblo pensaba que Él era la santa mujer
all the people thought he was the holy woman
Se reunieron a su alrededor para besarle las manos.
they gathered round him to kiss his hands
y suplicaron su bendición
and they begged for his blessing
Cuando llegó al palacio había una gran conmoción a su alrededor.
When he got to the palace there a great commotion around him
La princesa quería saber de qué se trataba todo el ruido
the princess wanted to know what all the noise was about
Así que le ordenó a su sirviente que mirara por la ventana por ella.
so she bade her servant to look out of the window for her
Y su sirviente preguntó de qué se trataba el ruido.
and her servant asked what the noise was all about
Ella descubrió que era la santa mujer la que causaba la conmoción.
she found out it was the holy woman causing the commotion
Ella estaba curando a las personas de sus dolencias tocándolas.
she was curing people of their ailments by touching them

la princesa había deseado durante mucho tiempo ver a Fátima
the Princess had long desired to see Fatima
Así que consiguió que su sirviente la invitara a entrar en el palacio.
so she get her servant to ask her into the palace
y la falsa Fátima aceptó la oferta en el palacio
and the false Fatima accepted the offer into the palace
El mago ofreció una oración por su salud y prosperidad.
the magician offered up a prayer for her health and prosperity
la princesa lo hizo sentarse junto a ella
the Princess made him sit by her
y ella le rogó que se quedara con ella
and she begged him to stay with her
La falsa Fátima no deseaba nada mejor
The false Fatima wished for nothing better
y ella consintió en el deseo de la princesa
and she consented to the princess' wish
pero mantuvo su velo bajo
but he kept his veil down
porque sabía que sería descubierto de otra manera
because he knew that he would be discovered otherwise
La princesa le mostró la sala
The Princess showed him the hall
y ella le preguntó qué pensaba al respecto.
and she asked him what he thought of it
"Es verdaderamente hermoso" dijo la falsa Fátima
"It is truly beautiful" said the false Fatima
"Pero en mi mente tu palacio todavía quiere una cosa"
"but in my mind your palace still wants one thing"

"¿Y qué es eso?", preguntó la princesa.
"And what is that?" asked the Princess

"Si solo se colgara un huevo de Roc del centro de esta cúpula "
"If only a Roc's egg were hung up from the middle of this dome"

"Entonces sería la maravilla del mundo", dijo.
"then it would be the wonder of the world" he said

Después de esto, la princesa no podía pensar en nada más que en el huevo de Roc.
After this the Princess could think of nothing but the Roc's egg

cuando Aladino regresó de cazar la encontró de muy mal humor.
when Aladdin returned from hunting he found her in a very ill humour

Rogó saber qué estaba mal
He begged to know what was amiss

y ella le contó lo que había estropeado su placer.
and she told him what had spoiled her pleasure

"Estoy hecho miserable por la falta de un huevo de Roc"
"I'm made miserable for the want of a Roc's egg"

"Si eso es todo lo que quieres, pronto serás feliz", respondió Aladino.
"If that is all you want you shall soon be happy" replied Aladdin

La dejó y frotó la lámpara
he left her and rubbed the lamp

cuando apareció el genio, le ordenó que trajera un huevo de Roc.
when the genie appeared he commanded him to bring a

Roc's egg

El genio dio un grito tan fuerte y terrible que la sala tembló.
The genie gave such a loud and terrible shriek that the hall shook

"¡Miserable!", exclamó, "¿no es suficiente que haya hecho todo por ti?"
"Wretch!" he cried, "is it not enough that I have done everything for you?"

"Pero ahora me ordenas que traiga a mi amo"
"but now you command me to bring my master"

"Y quieres que lo cuelgue en medio de esta cúpula"
"and you want me to hang him up in the midst of this dome"

"Usted, su esposa y su palacio merecen ser reducidos a cenizas"
"You and your wife and your palace deserve to be burnt to ashes"

"Pero esta petición no viene de ti"
"but this request does not come from you"

"La demanda viene del hermano del mago"
"the demand comes from the brother of the magician"

"El mago a quien has destruido"
"the magician whom you have destroyed"

"Ahora está en tu palacio disfrazado de la santa mujer"
"He is now in your palace disguised as the holy woman"

"La verdadera mujer santa que ya ha asesinado"
"the real holy woman he has already murdered"

"Fue él quien puso ese deseo en la cabeza de tu esposa"
"it was him who put that wish into your wife's head"

"Cuídate, porque él quiere matarte"
"Take care of yourself, for he means to kill you"

Al decir esto, el genio desapareció
upon saying this the genie disappeared
Aladino volvió a la princesa
Aladdin went back to the Princess
Le dijo que le dolía la cabeza
he told her that his head ached
así que pidió que la santa Fátima fuera traída
so she requested the holy Fatima to be fetched
Ella podía poner sus manos sobre su cabeza
she could lay her hands on his head
y su dolor de cabeza sería curado por sus poderes
and his headache would be cured by her powers
cuando el mago se acercó Aladino agarró su daga
when the magician came near Aladdin seized his dagger
y lo traspasó en el corazón
and he pierced him in the heart
"¿Qué has hecho?", gritó la princesa.
"What have you done?" cried the Princess
"¡Has matado a la santa mujer!"
"You have killed the holy woman!"
"No es así", respondió Aladino.
"It is not so" replied Aladdin
"He matado a un mago malvado"
"I have killed a wicked magician"
y él le contó cómo había sido engañada
and he told her of how she had been deceived
Después de esto, Aladino y su esposa vivieron en paz.
After this Aladdin and his wife lived in peace
Sucedió al sultán cuando murió.
He succeeded the Sultan when he died
Él reinó sobre el reino durante muchos años.

he reigned over the kingdom for many years
y dejó tras de sí un largo linaje de reyes.
and he left behind him a long lineage of kings

Le Fin
The End

www.tranzlaty.com

www.ingramcontent.com/pod-product-compliance
Lightning Source LLC
Chambersburg PA
CBHW030312100526
44590CB00012B/603